Germund Fitzthum
Wiener Kapriolen

Überreicht durch:

Germund Fitzthum

Wiener Kapriolen

Aphorismen

Mit 14 Abbildungen vom Autor

Seifert Verlag

Umwelthinweis:

Dieses Buch und der Schutzumschlag wurden auf chlorfrei gebleichtem Papier gedruckt. Die Einschrumpffolie – zum Schutz vor Verschmutzung – ist aus umweltverträglichem und recyclingfähigem PE-Material.

Verwendete Literatur:

> Fachgruppe Wien für die Personenfuhrwerksgewerbe (Hrsg.): Wiener Fiakermuseum, Festschrift, 2. Auflage, Wien 1967
>
> Harald Havas: Habsburger Sammelsurium, Wien-Graz-Klagenfurt 2006
>
> Marianne Mehling (Hrsg.): Knaurs Kulturführer in Farbe, Wien und Umgebung, München 1991
>
> Meyers Lexikon, Siebente Auflage, Leipzig 1926

Das Fiakerlied, dessen erste Strophe auf S. 96 abgedruckt ist, war während der Zeit des Nationalsozialismus verboten.

Anfragen:
Wirtschaftskammer Wien
  Sparte Transport/Verkehr
    Fachgruppe für Fiaker
    Schwarzenbergplatz 14
    1040 Wien

1. Auflage
Copyright © 2006 by Seifert Verlag GmbH., Wien

Umschlag: Rubik Creative Supervision, nach einer Vorlage von Germund Fitzthum
Logo: Padhi Frieberger
Druck und Bindung: biro m, d.o.o.,1000 Ljubljana
Fiakergrafik: Germund Fitzthum
ISBN-10: 3-902406-40-2
ISBN-13: 978-3-902406-40-8
Printed in Slovenia

Zur Geschichte

le fiacre | Der Fiaker

Wie unter Kaiser Franz Joseph schallen die Hufschläge der Fiakerpferde noch immer durch einige Gassen Wiens. Von über 150 Fiakergespannen wird abwechselnd ein Drittel auf Trab gehalten von den in die „Innere Stadt" strömenden Kulturtouristen. Dabei war es gar nicht Wien, wo die Fiakerei ihren Lauf nahm; sondern Paris. Die Mietkutsche war eine Erfindung von Nicolas Sauvage in den 1660er Jahren. Sein Wohnhaus in der Rue Saint-Martin zierte ein Schild mit dem Bildnis des heiligen Fiacrius, eines Mönchs des 6. Jahrhunderts. Von diesem Heiligen leitete er den Namen für sein Fuhrwerk ab: „Fiacre", zu deutsch „Fiaker".

Diesem Pariser Beispiel folgten später auch andere Metropolen: St. Petersburg, Warschau, Berlin, Brüssel – und, 1693, das kaiserliche Wien. Während Wien auf den Ursprungsnamen „Fiaker" setzte, bürgerte sich in Deutschland die russische Bezeichnung „Droschke" ein. Anno 1868 bezog die Wiener Fiakergenossenschaft in der Veronikagasse 12 das Fiakerhaus, das auch einige Zeit als Fiakermuseum diente. Doch die Gespanne sucht man vergeblich im Museum: sie schaukeln wie ehedem durch die Gassen – vereinzelt sogar noch mit dem Doppeladler auf der Wagentür. Wie in Paris, so heißen auch in Wien die Kutscher „Fiaker", ihr Hut nennt sich „Stößer" und ihr Fuhrwerk „Zeugl". Davon wissen die Wiener ein Lied zu singen – das Fiakerlied. Es entlockt den Menschen Tränen der Freude beim Heurigen und

Tränen der Rührung beim Begräbnis. Dieses achtstrophige Lied stammt von Oberlandesgerichtsrat(!) Gustav Pick; allerdings wird gewöhnlich nur die erste und die letzte Strophe gesungen. Am Aschermittwoch der k.u.k.-Zeit lud die Fiakergenossenschaft zum Fiakerball, auf dem als Königin die „Fiakermilli" glänzte. – Der Beruf des Fiakers ist keine Männerdomäne; auch einige Damen haben den Kutschbock erklommen. Die Fiakerpferde entstammen einer warmblütigen Rasse und kommen von Gestüten in Niederösterreich und Ungarn. Einst wurden die herrlichsten Exemplare der „Jucker" eingespannt, die sogar einen Johann Strauß zu einer flotten Komposition reizten: zur „Jucker-Polka". Die Pferde erreichen ein Alter von etwa 20 Jahren. Gefahren wird stets zweispännig. Mit der Herstellung eines noblen Fiakers beschäftigen sich noch Betriebe in drei Ländern: Polen, Tschechien und Ungarn. Der Hauptstandplatz der Gespanne ist der Stephansplatz, von wo man täglich das mondäne Wien schaukelnd erfahren kann ...

Wiener Kapriolen

Die Stadt Wien ist eine betagte Dame, die noch viel Schmuck aus der Kaiserzeit ziert.

Eine Unmöglichkeit, im Schloss Schönbrunn das Millionenzimmer geringschätzig zu betrachten.

Am Stephansplatz

Der Fiaker ist eine Erfindung, die in Paris gemacht und dort auch durchgepeitscht wurde.

Wien und die Kriegsfolgen von 1683: verbrannte Erde und gebrannter Kaffee.

Das Caféhaus und der Fiaker: die zwei Urgründe für die Urgemütlichkeit der Wienerstadt.

Die letzte türkische Kanonenkugel von 1683 hat ihre Gefährlichkeit verloren: vergoldet hängt sie wie ein Schmuckstück an der Hauswand Am Hof Nr. 11.

Metternichs Kanzlei war so gefürchtet wie seine Küche geschätzt: sie bescherte den Wienern die Sachertorte.

Kein Kaiserhaus ohne Lustschloss, kein Lustschloss ohne Mätressen.

Viele alte Tugenden sind aus der Mode gekommen, nicht aber die ältesten Laster.

Wie zwiespältig doch das Schicksal sein kann: es schenkt Beethoven die Gabe zu göttlichen Kompositionen und raubt ihm gleichzeitig das Gehör.

Beethovens Neunte: Momente musikalischer Monumentalität.

Was sind schon Feste, wenn man Triumphe feiern kann.

Auf dem Spielplan des Ringtheaters standen „Hoffmanns Erzählungen". Doch als sich der Vorhang hob, züngelten Flammen von der Bühne empor. Eine Panik brach aus. Alles drängte zu den Ausgängen, doch die Tore waren nur nach innen zu öffnen. Für fast vierhundert Menschen wurde der Abend zu einer Tragödie mit tödlichem Ausgang. Seit diesem 8. Dezember 1881 nannte man das Stück eine „fluchbeladene Oper". Offenbach hat das nicht mehr getroffen – er war bereits von der Weltbühne abgetreten.

Am Michaelerplatz

Mit der schauerlichsten Fiakerfahrt aller Zeiten wurde der Fiaker Josef Bratfisch beauftragt: Er kutschierte Kronprinz Rudolf und dessen Geliebte, Mary Vetsera, nach Mayerling zum Jagdschloss, in dem sich dann das Todesdrama abspielte.

Die majestätischen Bauwerke sind meistens auch unter der Regierung einer Majestät entstanden.

Ein kurioses Kunstwerk im Jugendstil ist die Ankeruhr am Hohen Markt: Sie zeigt uns die Gegenwart in Zahlen und die Vergangenheit in Figuren an.

Manchmal ist nicht die Uhr, sondern die Zeit abgelaufen.

Die Geschichte der Minoritenkirche ist die unglücklichste aller Wiener Gotteshäuser: der erste Sakralbau wurde durch Feuer zerstört, ebenso der zweite. Gegenwärtig ist der dritte Kirchenbau zu sehen, allerdings nur unvollkommen, da 1683 eine türkische Kanonenkugel den Turmhelm weggeschossen hat.

Ballhausplatz: Wo die Staatssekretäre dem Bundeskanzler die Bälle zuspielen.

Das Schönbrunner Schloss wurde als Lustschloss in der Farbe Rosa errichtet; erst die späteren Neider färbten es gelb.

Was nützt es, im Stil der Biedermeierzeit eingerichtet zu sein, wenn unser unseliger Zeitgeist darin wohnt?

In der Kapuzinergruft ruht nicht alles, was des Kaisers war, sondern nur das Gebein; die Herzen der Habsburger ruhen in der Augustinerkirche, die Eingeweide in der Herzogsgruft zu St. Stephan.

Stilvolle Fassaden erhöhen den Reiz einer Stadt, wie malerische Kulissen den Reiz einer Bühne erhöhen.

Die zwei Posen des Prinzen Eugen: der Feldherr am Schlachtross; der Feudalherr im Lustschloss.

Wenn doch eine goldene Uhr auch goldene Zeiten anzeigte!

Napoleon zog 1809 als Feldherr, als Eroberer und als Kaiser in Wien ein: als Feldherr unterlag er bei Aspern, siegte aber bei Deutsch-Wagram; als Eroberer diktierte er Kaiser Franz I. einen Friedensvertrag und forderte einige Kronländer und Kriegsentschädigung; als Kaiser begehrte er Kaiser Franzens Tochter, Erzherzogin Maria Luise, zur Gemahlin. Nichts wurde dem eroberungssüchtigen Korsen verwehrt. Wie gewöhnlich kehrte er als Triumphator zurück nach Paris.

Der Donauwalzer ist der Königswalzer des Walzerkönigs.

Auf einem Maskenball gesellt sich zum Tanz auch noch die Lust, die Gäste zu entlarven.

In Paris wurde der Walzerkönig fast wie ein französischer König gefeiert – nur noch stürmischer.

Die Schau- und Schaukellustigen sind es, die die Rösser zum Traben und die Räder zum Rollen bringen.

Am Stephansplatz

Mit Wiener Blut und Wiener Charme ist man der geborene Herzensbrecher.

Dem Lieblosen ist Liebkosen fremd.

Die zartesten Geschöpfe gehen in die Oper, um einer Enthauptung beizuwohnen.

Für Gottfried Semper begann und endete die Architektenlaufbahn „theatralisch": er errichtete in Dresden das Hoftheater und zuletzt in Wien das k. k. Hofburgtheater.

Für Menschen, die das Geld anbeten, ist die Nationalbank das Nationalheiligtum.

Wird Gold gekauft, liegt der Goldpreis goldrichtig.

Zwischen kleinbürgerlichen Spießbürgern und spießigen Kleinbürgern besteht eine enge Verwandtschaft.

Auch ein Burgschauspieler steigt zuweilen ins Kleinbürgertum hinab – aber nur für die Dauer einer Vorstellung.

Mit einer schwachen Besetzung zu spielen, ist ein starkes Stück.

Nach dem Sturz Napoleons kehrte seine Gemahlin, Kaiserin Marie Louise, wieder nach Wien zurück. Mit ihrem Söhnlein, dem König von Rom/Herzog von Reichstadt, rollte sie mit mehreren Kutschen in Schönbrunn ein. Napoleon auf Elba vermisste beide sehr. Bereits 1832, als kränklicher, junger Offizier, verstarb der Herzog von Reichstadt und wurde in der Kapuzinergruft beigesetzt. Erst im folgenden Jahrhundert, 1940, sollten Napoleon und sein Sohn im Invalidendom zu Paris wieder vereint werden – auf Befehl Adolf Hitlers.

Am Heldenplatz

Selbst bis in den Beruf des Fiakers ist die Frau vorgedrungen; zu verlockend war der Griff nach Zügel und Peitsche.

Manche Opernhäuser spielen die „Zauberflöte" so lange, bis der Kulissenzauber flöten geht.

In der Loge küsst man anders als auf der Bühne.

Mit Mozartklängen werden die zart Besaiteten beglückt.

Auf Perücken kann kein Theater verzichten, solange die alten Zöpfe gespielt werden.

Johann Strauß schenkte der Fürstin Pauline Metternich ein Konfekt, das nicht dick macht: Wiener Bonbons, seine ureigenste Komposition.

Auf dem Bonbonball: Wienerinnen, süß wie Konfekt, in Hülle und Fülle.

Die Folgen eines Messerattentats auf den jungen Kaiser Franz Joseph sind heute noch sichtbar: aus Dankbarkeit für seine vollständige Genesung stiftete der Monarch die Votivkirche.

Die Kälte, die vom Herzen kommt, ist die grausamste.

Kaiserin Maria Theresia ist immer noch gut beschützt: auf ihrem Denkmal umringen sie ihre vier Feldherrn.

Man sage nicht, die Habsburger wären den Wienerinnen und Wienern nichts mehr wert: immerhin wurde noch anno 1998 im Dorotheum das seidene Hochzeitstaschentuch von Kaiserin Elisabeth für 120.000 Schilling unter Freudentränen ersteigert.

Mit der Mozartkugel haben die Konfiseure das Werk des Komponisten auf ihre Weise abgerundet.

Naschwerk beruhigt das Mundwerk.

In Wien sind die Denkmäler von Goethe und Schiller durch die Ringstraße getrennt. Zudem genießt es nur Goethe, im bequemen Lehnsessel die Zeiten als Denkmalsfigur abzusitzen.

Knigge schrieb mehrere Bücher, darunter ein anständiges.

Der Architekt des Wiener Rathauses, Friedrich Schmidt, wird immer im Rampenlicht stehen, denn er entwarf auch den über drei Tonnen schweren und mit 254 Lampen ausgestatteten Prunkleuchter des Sitzungssaals.

Eine Führung durch das Bestattungsmuseum vermittelt uns feierliche Würde, herbe Trauer und daneben auch eine satte Portion schwarzen Humors.

Lebe, lebe, lebe! – denn im Sarg ist dir die Welt endgültig mit Brettern vernagelt.

Scheintote bekommen keinen Totenschein.

Von Kindesbeinen an keimt in uns die Pferdeliebe und mit ihr die Freude auf eine lustige Fahrt im Fiaker.

Am Heldenplatz

Der erste berühmte Sänger des Fiakerliedes war der Volksschauspieler Alexander Girardi. Man schrieb den 25. Mai 1886: In klassischer Fiakerkostümierung – Pepitahose, schwarzer Samtrock und Stößer – trat Girardi in der Rotunde vor das Publikum und peitschte es fortgesetzt mit allen acht Strophen auf. – In späteren Zeiten war es Paul Hörbiger, dem das Lied auf den Leib geschrieben schien. Es erklang daher auch als letzter musikalischer Gruß bei seinem Begräbnis auf dem Zentralfriedhof.

Eine Lustbarkeit anno 1900: Als Kaiserjäger den Kaiserball besuchen, bei einem Gläschen Kaiserbirne schwadronieren und beschwingt den Kaiserwalzer tanzen – mit einer kaisertreuen Baronesse im Arm.

Mit der Wiener Küche werden uns die Gerichte und Gerüche des Hauses Habsburg aufgetischt.

Der „Einspänner" ist der einzige Kaffee, der mich auf Trab bringt.

„Einspänner": Mokka mit Schlagobershaube, im Glase serviert

Es gab nur einen einzigen Herrscher, den der junge Kaiser Franz Joseph neben sich gelten ließ – den Walzerkönig.

Um die österreichischen Truppen zu mobilisieren, genügen schon ein paar Takte Radetzky-Marsch.

Kaiserin Elisabeth lag das Regieren fern; ihr Herz schlug für drei andere Dinge: das Reiten, Reisen und Reimen.

Es war Walter B. Basset, der den Wiener Stadtvätern sein Riesenrad andrehte. Doch seit dem Zweiten Weltkrieg gibt es kein Original mehr: jede zweite Gondel fehlt. Da vergeht sogar dem Praterwurstel das Lachen.

Im Zirkus läuft alles im Kreis ab: sogar die Clowns überschlagen sich.

Ein schlechter Seiltänzer zieht noch mehr Blicke auf sich als ein guter.

Ein Ereignis, das hohe Wellen schlug: der Untergang der Donaumonarchie.

Die österreichische Speisekarte weckt Erinnerungen, die von der österreichischen Landkarte längst verschwunden sind.

Wiens k. u. k. Hofzuckerbäcker Demel bäckt auch nach der Monarchie noch königlich.

Gustav Mahler hat in seinem Leben immer nur die erste Geige gespielt: als Dirigent, als Komponist, als Operndirektor, als Leiter der New Yorker Philharmoniker.

Keine Kunst vermag unsere Stimmung so plötzlich und so dramatisch zu verändern wie die Musik.

Philharmoniker streichen Weltruhm ein.

In Wien wird ein "Einspänner" im Caféhaus genommen und ein Zweispänner am Fiakerstandplatz.

Am Stephansplatz

Die rote Nelke ist ein Parteiabzeichen, das jede Blumenhandlung führt.

Noch weiter als die rote Nelke hat es die stolze Lilie gebracht: sie zierte die Wappen der französischen Könige.

Im Bürgerkrieg 1934 erwiesen sich die Gemeindebauten wie der Karl-Marx-Hof als Schutz- und Trutzburgen: zu ihrer Erstürmung hatten die Regierungstruppen sogar Kanonen (!) nötig.

Die Pummerin zu St. Stephan ist eine Glocke der Christenheit, und doch schwingt in ihren Klängen auch der Islam mit, denn sie wurde aus erbeuteten türkischen Kanonen gegossen.

Die Orgel im Stephansdom zählt über neuntausend Pfeifen: keine geringe Klangkulisse für ein Hochamt.

Opernsänger bei Wiener Begräbnisfeiern: ein Ohrenschmaus vor dem Leichenschmaus.

Wien und Berlin waren gleichermaßen von der Lust beherrscht, Feuer an den Staat zu legen: hier der brennende Justizpalast, dort der brennende Reichstag.

Wie die Geschichte lehrt, werden politische Ereignisse entweder mit Champagner oder mit Molotow-Cocktails begossen.

So alt wie die Kanonen ist auch die Idee, aus Kirchenglocken welche zu gießen.

Die berühmteste Wiener Tortenkreation ist die Sachertorte. Anno 1832 erfunden, glückte ihr wenige Jahre später über die kaiserliche Tafel der Weg ins Volk: Konditoreien und Haushalte begannen sie herzustellen, aber das Echte an dieser Torte war eben nur der Name. Daran hat sich bis auf unsere Tage nichts geändert. Denn das Originalrezept ist ein streng gehütetes Geheimnis und liegt unter Verschluss in einem Safe des Hauses Sacher. Die Torten mit dem Siegel „Hotel Sacher Wien" werden seit Jahrzehnten in alle Kontinente versandt, sodass man ohne Übertreibung sagen kann: Mit der Sachertorte hat das Hotel Sacher bereits die ganze Welt „versachert".

Karl Kraus war die Viper unter den Wiener Literaten: ständig auf der Lauer und absolut tödlich im Biss.

Aphorismensammlung:
Bonbonnière d'esprit.

Geistige Nahrung wird nur dann leicht aufgenommen, wenn sie nicht zu trocken ist.

Österreich und Deutschland sind Brudervölker – aber keine Zwillingsbrüder.

Der Nationalstolz verlangt nach einer Nationaltracht.

Österreich wurde Triest genommen – dafür erhielt es Neusiedl am See.

Ein Fiaker kann es sich nicht leisten, ein zügelloses Leben zu führen.

Am Graben

Der russische Revolutionär Trotzki war einst im Café Central als Schachspieler zu Gast. 1945 war es die von ihm gegründete Rote Armee, die ganz Wien schachmatt setzte.

Wien besitzt ein Heeresgeschichtliches Museum. Daneben beweist aber das Bundesheer, dass die Wehrhaftigkeit Wiens noch nicht Geschichte ist.

Oft spielen Filmhelden im Film auch noch den Kriegshelden.

Die Schaulustigen nehmen einiges in Kauf: die Kühle im Kellertheater oder die Schwüle im dritten Rang der Oper.

Ein Schauspieler von Rang spielt nie vor leeren Rängen.

Im Burgtheater beginnt das Schauspiel bereits, wenn man die Feststiege emporschreitet.

Am Michaelerplatz, Hofburg

Zu den Klängen der Straßenmusikanten einige Hufschläge von Fiakerpferden, und geboren ist eine neue Wiener Sinfonie.

Johann Strauß schuf mit der „Fledermaus" seine Meisteroperette: noch immer flattert sie von Opernhaus zu Opernhaus.

Hätte Mozart geahnt, wie schamlos die Nachwelt seinen Namen ausbeutet, er hätte sich die Kugel gegeben.

Maria-Theresien-Taler: Ein kapitales Kapitel Kaiserzeit ist noch in Umlauf.

Mit dem goldenen „Philharmoniker" ist es gelungen, Kunst und Kapital in Einklang zu bringen.

Die Liebe zum Geld treibt oft erstaunliche Blüten.

Otto Wagner hat nicht nur Gott und den Menschen, sondern mit der Postsparkasse auch dem Mammon einen Tempel errichtet.

Zu Kriegsende hielten die vier alliierten Siegermächte Ausschau nach einem geeigneten Hauptquartier: die Sowjets bezogen das Hotel Imperial und das Palais Epstein, die Briten das Schloss Schönbrunn, die Franzosen das Hotel Kummer und ausgerechnet den US-Truppen blieb keine andere Wahl, als das Sternenbanner über dem Hort von Geld, Gold und Kapital zu hissen: auf dem Gebäude der Österreichischen Nationalbank.

Unser Vaterland ist dort, wo wir in der Muttersprache zu Hause sind.

Erst bei Heimweh wird der Wert der Heimat fühlbar.

Jede Metropole hat ihre elitäre und vulgäre Gesellschaft, hat ihre Damen von Welt und Halbweltdamen.

Am Albertinaplatz

In Wien fahren die Fiaker zweispännig. Bei einer „schönen Leich" kann die Kutsche auch vierspännig sein, beim Tod einer Kaiserin (Zita!) sechsspännig, und gar achtspännig war der Imperialwagen unterwegs – zur Kaiserkrönung.

Das letzte Wort über uns ist in jedem Fall ein lobendes – beim Nachruf.

So mancher große Staatsmann dient selbst als Wachsfigur noch einem Kabinett.

Die Österreicher verweigerten ihrer letzten Kaiserin, Zita, die Gefolgschaft, nicht aber das letzte Geleit.

Eine rassige Fiakerin: trägt einen Pferdeschwanz und pflegt sich mit Stutenmilch.

Die Wienerin rechnet den Charme zu ihren nützlichsten Talenten.

In Österreich wurden bis auf den „Zigeunerbaron" alle Adelstitel aufgehoben. Nur das adelige „von" bei Herbert von Karajan blieb unangetastet – nachdem der Maestro mit dem Abbruch seiner Dirigententätigkeit gedroht hatte.

Noch im April 1945, kurz nachdem die Stalinorgeln verstummt waren, konzertierten die Wiener Philharmoniker wieder. Sie waren die ersten tonangebenden Künstler der Zweiten Republik.

Die Philharmoniker sind es, die die musischen Seelen erheben und einen.

Operettenmusik: tönendes Naschwerk.

Ein aufpeitschendes Vergnügen: Fiaker fahren.

Das Wiener Caféhaus zieht mich an, sobald ich nur in seinen Dunstkreis gerate.

Wer sich an den Roulettetisch setzt, darf nicht erwarten, eine ruhige Kugel zu schieben.

Von der Kunst zu leben ist Lebenskunst.

Die höchste Auszeichnung, die einem Künstler in Wien zuteil werden kann: ein Ehrengrab am Zentralfriedhof.

Der Doppeladler war eine ungemein zähe Züchtung, denn trotz Krieg und Besatzung prangen noch immer letzte Exemplare an monarchischen Gebäuden – ohne ein Anzeichen, dass sie vom Aussterben bedroht wären.

Wenn sich die Makler in der Börse versammeln, die Abgeordneten im Parlament und die Philharmoniker im Musikvereinsgebäude, so verdanken sie dies nur einem einzigen Mann: dem dänischen Architekten Theophil Hansen, der diese drei unterschiedlichen Prachtbauten errichtet hat.

Als in Österreich die Krone keinen Heller mehr wert war, setzte man anno 1925 Schilling und Groschen in Umlauf.

Der Mensch prägt Geld.
Geld prägt den Menschen.

In Wien wird auch mitten im Frieden genüsslich Krieg geführt, wie der Tortenkrieg zwischen den Häusern Sacher und Demel bewiesen hat.

Die Mozartkugel fände Mozart zum Kugeln.

In der Wahl der Lektüre erkennt man den Schöngeist, wie man in der Wahl der Speisen den Feinschmecker erkennt.

Aus Karl Kraus sprechen Geist und Galle gleichermaßen.

Zynisches gehört wie Zyankali in einen Giftschrank.

Wenn ich Gift nehme, dann blondes.

Am Heldenplatz

Man kann auch mit dem Fiaker ein filmreifes Abenteuer erleben – wenn die Pferde durchgehen ...

Manche wechseln die Partei, ohne dabei rot zu werden.

Vom Aphorismus kann man von feiner Ironie bis zur ätzenden Satire alles erwarten.

Meine Hausbibliothek ist meine Hausapotheke.

Der Lebensabend verbreitet eine Düsternis, der nur der Lebenskünstler entkommt.

In die Katakomben zu St. Stephan kann man hinabsteigen; hinabgetragen aber werden nur verstorbene Wiener Erzbischöfe.

Auf dem Zentralfriedhof liegen die Politiker gleich neben den Volksschauspielern.

Ein Künstlerleben – ein Wagnis für jeden, der nicht Lebenskünstler ist.

Die großen Kunstwerke ziehen nicht nur edle Menschen an, sondern auch Fälscher, Diebe, Attentäter.

Der „Philharmoniker" ist ganz auf die Liebhaber des klassischen Goldes gemünzt.

Die Theaterprobe wird unterbrochen, wenn schlecht gespielt wird – die Vorstellung nicht.

Ein Opernglas vergrößert das Drama.

Den Tod in der Opernloge ziehe ich allemal dem Schicksal vor, sang- und klanglos zu sterben.

Einen Fiaker zu besitzen heißt: auf aristokratische Art mobil sein.

Am Stephansplatz

Die Hohe Schule der Reitkunst steht in Wien auf sprungbereiten Füßen – auf jenen der Lipizzaner.

Für das Fiakerlied kann man nur einen Sänger mit Pfiff einspannen.

Der Prater bietet Lustbarkeiten in allen Dimensionen und Variationen: von der Liliputbahn bis zum Riesenrad; vom Wurstel bis zum Watschenmann.

Der Stephansdom überragt nicht nur alle Wiener Gotteshäuser, sondern er übertönt auch alle: mit dem Klangvolumen der Pummerin.

Das einer Hochzeit angemessene Gefährt ist der Fiaker, denn eine Ehe sollte niemals zügellos beginnen.

Das Leben ist ein Spiel: man muss nur auf die richtigen Leute setzen.

Die alte Reichsbrücke, eine gewaltige Kettenbrücke, die sogar Sowjetpanzer getragen und die Umbenennung in „Brücke der Roten Armee" ertragen hat: Am 1. August 1976 stürzte dieses Brückenmonster ein – zur größten Bestürzung aller Wienerinnen und Wiener.

Der Zentralfriedhof ist zum Teil auch ein Heldenfriedhof: Kriegshelden, Filmhelden und Frauenhelden ruhen dort.

Ein Logenplatz im Café Landtmann ist eine vorzügliche Gelegenheit, sich auf einen Theaterabend einzustimmen.

Der Wiener genießt die Caféhausatmosphäre auch noch bei einem Glas Wasser.

Wenn wir unsere Ansprüche herabsetzen, fällt es dem Glück leichter, sich mit uns einzulassen.

Wir leben in der aufgeklärtesten Zeit aller Zeiten, und doch haben die Priester, die Astrologen und die Kartenlegerinnen weiterhin ihren festen Platz in unserer Gesellschaft.

Auf dem Spielkartenmarkt ist noch ein „Habsburger Tarock" im Angebot – für jene, die ihre k. k. Nostalgie nach Lust und Laune ausspielen wollen.

Blauer Himmel über Wien: ein Kaiserwetter für die Kaiserstadt.

Die zwei größten sakralen Jugendstilwerke erheben sich auf ungemein tristem Terrain: Otto Wagners Kirche am Steinhof und Max Hegeles Kirche am Zentralfriedhof.

Zwei Dinge sind in Wien sündteuer: der Opernball und ein Staatsbegräbnis.

Jede Uhr gemahnt uns an die Zeit – nur die Spieluhr nicht.

Von jungfräulichen Händen lassen sich sogar feurige Hengste wie von Zauberhand führen ...

Am Michaelerplatz

Gesprächsthemen im Wien der Nachkriegszeit: „Der dritte Mann"; „Die Vier im Jeep"; die Fünftagewoche.

Mit wenig Geld ist es schwer, sich über Wasser zu halten. Mit viel Geld ist es schwer, unterzutauchen.

Wie irrig zu glauben, satirische Bücher wären spottbillig zu haben.

Franz Lehár war Stammgast im Café Sperl. Noch immer lädt dort sein Stammplatz nicht nur lustige Witwen zum Verweilen ein.

Welch befremdende Verkehrung, das Wiener Caféhaus als Gewerbebetrieb zu besteuern, anstatt es als Kulturbetrieb zu subventionieren.

Am Ende eines Künstlerlebens steht entweder der Ruhm oder der Ruin.

Das Schloss Schönbrunn wurde zweimal von ausländischen Mächten besetzt: von Napoleon, der beidseitig am Hofeingang zwei Obelisken mit thronenden französischen Kaiseradlern errichten ließ; von den Briten, die es 1945 als Hauptquartier bezogen. Am Schlossdach der „Union Jack" und am Hofeingang zwei Feldhaubitzen kündeten von den wehrhaften Schlossherren.

Man muss Schütze sein, wenn man nicht Zielscheibe sein will.

Auch im modernen Wien kommt das Pferd noch zweimal zum Zug: beim Fiaker und bei der Trauerkutsche.

Die tägliche Ausfahrt der Fiakergespanne beweist, dass das Räderwerk der Monarchie noch mobil ist.

Die Habsburger sind abgetreten, aber mit ihren Bürgerhäusern und Palästen haben sie ihre Visitenkarte hinterlassen.

Am Heldenplatz

Ein geräderter Fiaker geht ins Caféhaus, um bei einem „Einspänner" auszuspannen.

Das Wiener Fiakerlied
Von Gustav Pick

1. Strophe

I führ zwa harbe Rappen, mein Zeug, dös steht am Grabn, a so, wie dö zwa trappen, wern s' net viel gsehen habn. A Peitschen, a des gibts net, ui jesses, nur net schlagn, des allermeiste wär tsch, tsch, sonst zreißen s' glei in Wagn. Vom Lamm zum Lusthaus fahr is in zwölf Minuten hin; mir springt kans drein net in Galopp, da gehts nur allweil trapp, trapp, trapp; wann s' nachher so recht schießen, da spür is in mir drin, daß i die rechte Pratzen hab, daß i Fiaker bin. A Kutscher kann a jeder wern, aber Fahren kinnans nur in Wean. Mein Stolz is, i bin halt a echts Weana Kind, a Fiaker, wie man net alle Tag findt, mein Bluat is so lüftig und leicht wie der Wind, i bin halt a echts Weana Kind.